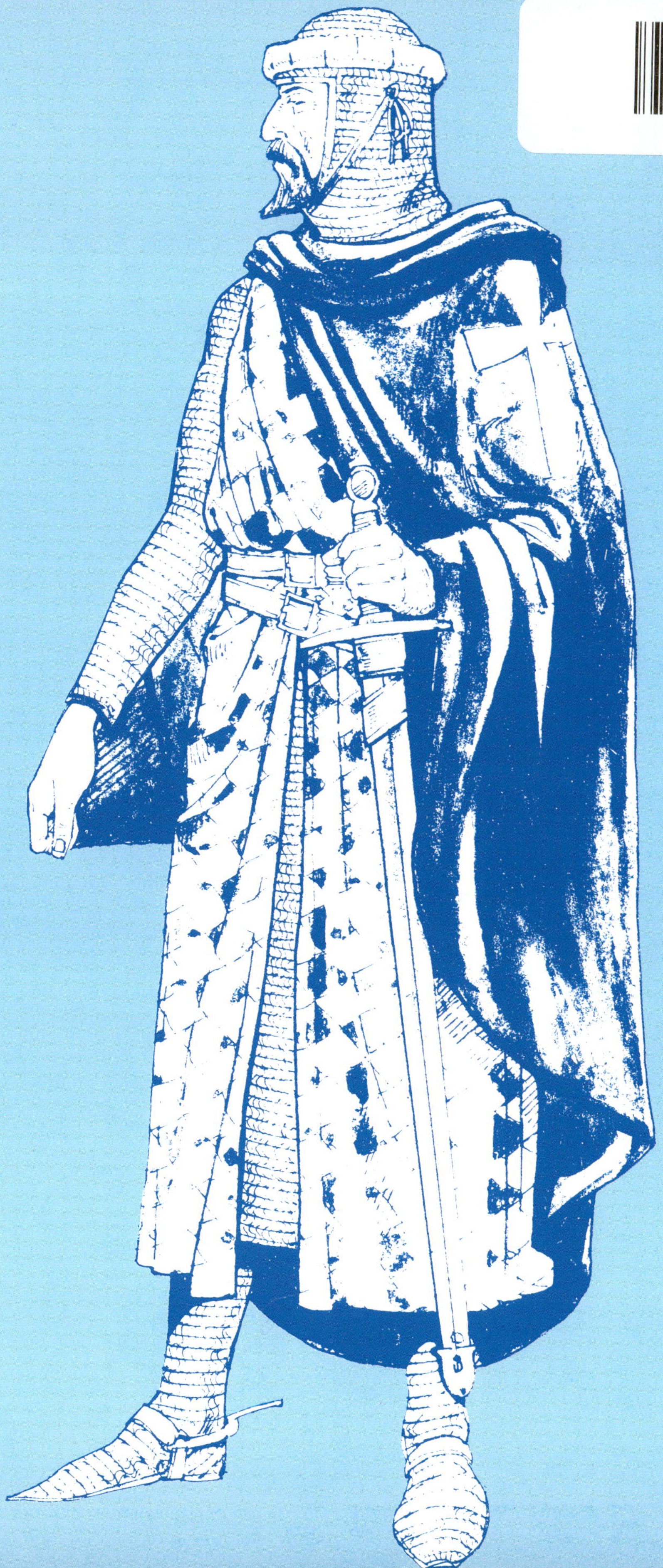

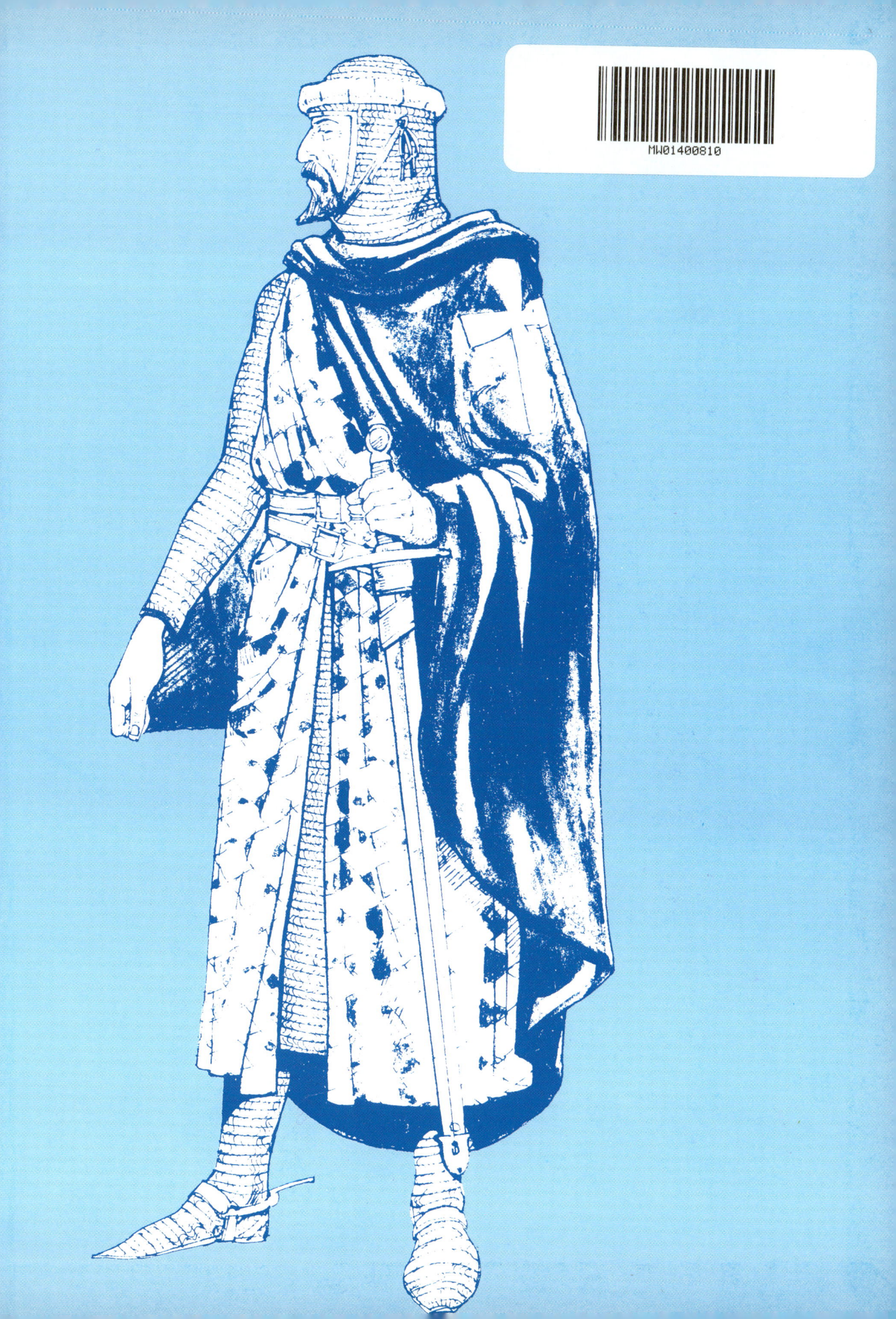

Dans la même collection :

L'Égypte à l'époque de Ramsès II
Athènes à l'époque de Périclès
Rome à l'époque d'Auguste
La Chine à l'époque du premier empereur
Christophe Colomb vers le Nouveau Monde

Comité éditorial : J. Gillingham, D. Salariya, J. Armstrong, sous la direction de Giovanni Caselli.
Adaptation française de Dominique Rist.

© 1990 Giunti Marzocco, Florence.
© 1990 Librairie Larousse pour l'édition de langue française.
ISBN 2-03-601356-2

HISTOIRE JEUNESSE

RICHARD CŒUR DE LION

le temps des Croisades

Texte de
FIONA MACDONALD

Illustrations de
JOHN JAMES

Larousse

17, RUE DU MONTPARNASSE - 75298 PARIS CEDEX 06

Sommaire

Introduction	7
Prince Richard	8
La cour d'Aquitaine	10
Le duc devient roi	12
Richard prépare la croisade	14
Chrétienté et islam en Terre sainte	16
Les débuts de l'expédition	18
Le séjour en Sicile	20
L'arrivée en Terre sainte	22
Les deux armées	24
Le siège d'Acre	26
Vers Jérusalem	28
Richard à Jaffa	30
La paix avec Saladin	32
Les derniers combats de Richard	34

Introduction

Le roi Richard Ier d'Angleterre, dit Richard Cœur de Lion, a vécu de 1157 à 1199. Il n'a régné que pendant les dix dernières années de sa vie, mais il s'est vite rendu célèbre.

Surnommé « Cœur de Lion » par ses contemporains, il avait en effet la réputation d'être aussi fier, aussi redoutable et aussi brave qu'un lion. Richard vivait à une époque où les rois et les princes devaient savoir à la fois gouverner leur pays en temps de paix et commander une armée en cas de guerre. Richard, qui avait le goût du danger, aimait se battre, retrouver l'excitation du combat et la joie de la victoire. Il dirigea un vaste empire, qui s'étendait du nord de l'Angleterre aux Pyrénées, et passa une grande partie de sa vie à le défendre. Il se battit contre son père, contre ses frères et contre Philippe Auguste, le roi de France, son grand rival. Aujourd'hui, il est surtout connu parce qu'à la tête d'une grande armée il a participé à la troisième croisade, pour reconquérir la ville de Jérusalem.

La vie et les exploits de Richard Cœur de Lion ont été racontés dans des poèmes, des chansons et des chroniques de son époque, ainsi que par des auteurs musulmans, qui respectaient la valeur et le courage de leur ennemi. Vous trouverez des citations extraites de ces œuvres au fil des pages de votre livre. Personnage légendaire, Richard Cœur de Lion représentait, déjà de son vivant, le modèle du héros chevaleresque.

Prince Richard

Richard est né en 1157, à Oxford, en Angleterre. Mais il n'était pas réellement anglais. Ses deux parents étaient français. Son père, Henri Plantagenêt, comte d'Anjou, s'était emparé de la Couronne d'Angleterre trois ans auparavant, en prenant le nom d'Henri II. Sa mère, Aliénor, duchesse d'Aquitaine, possédait de vastes domaines dans l'ouest et le sud-ouest de la France. Richard était le troisième fils d'Henri II, mais ses deux frères aînés moururent alors que leur père vivait encore. À 27 ans, Richard devint l'héritier de ses parents. Pour ses terres en France, il était soumis à l'autorité de Philippe Auguste. Ce dernier était son seigneur ou « suzerain », et lui son vassal. Il lui rendit hommage en lui jurant obéissance et fidélité. Richard fut roi d'Angleterre, mais il n'aimait pas beaucoup ce pays, où il vécut peu de temps. L'Angleterre lui était utile parce qu'elle lui donnait le titre et la dignité de roi, et qu'elle était riche. Les impôts que lui versaient les paysans et les marchands anglais lui permettaient de financer ses guerres. Comme son prédécesseur Henri II, Richard s'appuya sur une administration compétente pour diriger son

pays en son absence, tandis qu'il se battait à l'étranger et qu'il s'occupait de ses terres — ou fiefs — en France.
Richard passa son enfance en Aquitaine, à la cour de la reine Aliénor, où il reçut l'excellente éducation qui était réservée aux parfaits gentilshommes. Il apprit à lire et à écrire le français, le latin et le provençal, à chanter, à composer des poèmes et de la musique. Il apprit aussi à combattre. Il savait monter à cheval, manier l'épée et la lance, diriger de furieuses charges de cavalerie. Il s'entraînait à l'art de la guerre en participant aux tournois de chevalerie, où les vainqueurs remportaient des fortunes et les malchanceux risquaient d'être gravement blessés ou de perdre la vie.

Roi d'Angleterre, Richard possédait aussi tout l'ouest de la France. Duc de Normandie, comte d'Anjou (par son père) et duc d'Aquitaine (par sa mère), il était en principe le vassal du roi de France.

Richard ne connaissait pas l'anglais. Les rois et la cour d'Angleterre parlaient le français, depuis la conquête de l'Angleterre par Guillaume de Normandie et ses chevaliers en 1066.

Au moment de mourir, Richard ordonna qu'on l'enterre en France. Ce qui semble prouver qu'il considérait ce pays comme sa véritable patrie.

La cour d'Aquitaine

Dans son palais de Poitiers, Aliénor d'Aquitaine régnait sur une cour brillante, où se rassemblaient les trouvères, les troubadours, les ménestrels, les musiciens et les poètes. Richard grandit au milieu de gens cultivés, qui appréciaient la musique, la danse, les débats intellectuels et les sports chevaleresques.

Aux longues discussions avec les savants érudits qui se rendaient en visite à la Cour succédaient les parties de chasse, en particulier au faucon. Dans les tournois, les jeunes chevaliers prouvaient leur adresse et espéraient conquérir la gloire et la fortune.

Les poèmes de l'époque étaient consacrés surtout à l'amour et à la guerre. Ils glorifiaient les prouesses qu'avaient accomplies de jeunes héros pour l'amour d'une dame, décrivaient leurs souffrances lorsqu'elle les ignorait et exaltaient l'idéal chevaleresque. Ainsi, combattre aux côtés de ses camarades et suivre son seigneur jusque dans le feu de la bataille, c'était une expérience merveilleuse. Voici, par exemple, un extrait de l'*Éloge de la guerre*, un poème de Bertrand de Born, troubadour et ami de Richard : « Je ressens une grande joie quand je vois, rangés dans la campagne, chevaliers et chevaux armés... quand je vois les châteaux forts assiégés... Sur le champ de bataille, que chaque preux ne pense qu'à fendre têtes et bras : car un mort vaut mieux qu'un vivant vaincu. » Certains poèmes parlaient aussi des combats entre chrétiens et musulmans, ou de la défense de la Terre sainte par les croisés francs, qui luttaient contre les musulmans sarrasins.

Jeune homme, Richard aimait beaucoup la musique. Son désir de devenir un héros et de partir pour la croisade à la tête d'une armée est peut-être né lorsqu'il écoutait réciter ces poèmes épiques.

Le costume populaire se modifia peu tout au long du Moyen Âge.
1. Il se composait d'une chemise, d'une tunique courte (ou bliaud) et de grands bas, les chausses. Pendant la récolte, un large chapeau protégeait le bonnet ou le capuchon.

2. Pour conduire le troupeau au marché, ces deux bergers portent une chape, ou manteau-pèlerine à capuchon.

3. Notre-Dame-la-Grande de Poitiers (vers 1140). Sa façade est l'une des plus belles de la France de

l'Ouest. Les tours d'angle, en pierre calcaire, sont typiques de l'architecture poitevine.

4. Bas-relief du XIIe siècle représentant Ferry de Vaudémont accueilli par sa femme à son retour de la croisade. Il porte une croix en étoffe cousue sur sa cape et tient le bâton de pèlerin.
5. Armoire.
6. Coffre en cuivre décoré d'or et d'émail, réalisé sans doute à Limoges pour Guillaume de Valence, duc de Pembroke.
7. Robe de Roger II, roi de Sicile. (XIIe siècle.)
8. Candélabre en bronze.

Le duc devient roi

En 1171, Aliénor nomma Richard duc d'Aquitaine. Il avait 14 ans. Henri II avait assuré sa succession héréditaire au trône d'Angleterre en faisant couronner roi son fils aîné, Henri le Jeune, qui fut dès lors appelé le « Jeune Roi ».

Henri II, qui était disposé à céder à ses fils des titres et des fiefs, n'avait pas en revanche l'intention de partager le pouvoir avec eux. Mécontent, le Jeune Roi se rebella en 1173 contre son père et demanda au roi de France, Louis VII, de l'aider. Peu après, Richard rejoignit les rebelles à Paris. Aliénor d'Aquitaine, qui soutenait les revendications de ses fils, voulut s'y rendre à son tour, mais elle fut capturée par les troupes d'Henri II. Emprisonnée en Angleterre, elle ne fut libérée qu'à la mort de son mari, quinze ans plus tard. Richard et Henri le Jeune, qui combattirent avec bravoure, furent vaincus en 1174. Leur père leur pardonna. Richard partit en Aquitaine réprimer une révolte de nobles, à l'aide d'une petite armée. En 1180, à 23 ans, il prit la forteresse de Taillebourg, dite invincible.

Les rebelles, impressionnés par l'exploit de Richard, capitulèrent. Richard était un héros. Par la suite, Richard ne cessa de se quereller avec son père, avec le Jeune Roi et avec son frère cadet, Jean. Il participa à des attaques contre les terres du nouveau roi de France, Philippe II Auguste. En 1183, le Jeune Roi mourut subitement. Richard hérita de la couronne d'Angleterre. Il s'allia pourtant à Philippe II pour se révolter contre Henri II, lorsque celui-ci envisagea de nommer, à sa place, Jean, duc d'Aquitaine. Mais Henri II mourut en 1189. Richard devint roi. À 32 ans, il avait enfin le pouvoir !

Les conflits entre Richard et son père ne cessèrent pas. Geoffroy, le fils illégitime du roi Henri II, fut le seul enfant qui vint le voir alors qu'il était sur le point de mourir. « Les autres (Richard et Jean) sont les vrais bâtards », aurait alors dit Henri II.

Richard organisa une cérémonie tout à fait somptueuse pour son couronnement.

De nombreux chroniqueurs, dont les témoignages ont été conservés jusqu'à nos jours, l'ont racontée en détails. Le cortège de la noblesse y était particulièrement splendide.

Richard se méfiait de Jean, son frère cadet. Jean était cupide, paresseux, lâche et menteur. Il devint roi d'Angleterre à la mort de Richard, en 1199.

Richard prépare la croisade

Richard commença à gouverner son royaume. Mais il savait qu'il ne demeurerait pas longtemps en Angleterre. Depuis deux ans, le pape demandait aux princes et aux rois d'organiser une nouvelle croisade pour reconquérir la Terre sainte. Les sarrasins, des musulmans commandés par le sultan d'Égypte Saladin, avaient battu l'armée franque — c'est-à-dire l'armée chrétienne — en 1187, à Hattin. En quelques mois, ils avaient repris Jérusalem et d'autres villes que les croisés occupaient depuis près de cent ans. L'annonce du désastre chrétien suscita une forte émotion en Europe.

La papauté promit à ceux qui s'engageaient dans la nouvelle croisade la rémission de tous leurs péchés. Du vivant de son père, Richard avait été le premier prince d'Europe du Nord à jurer qu'il participerait à une croisade. Il était temps qu'il accomplisse son vœu. Il devait toutefois s'assurer que son royaume resterait en paix et en sécurité pendant son absence. Il avait besoin d'argent, de soldats et de fonctionnaires fidèles.

La première croisade avait été un succès, aboutissant à la création du royaume franc de Jérusalem en 1099. La deuxième croisade se termina par un échec total, en 1149. Le roi Richard allait, lui, participer à la troisième croisade.

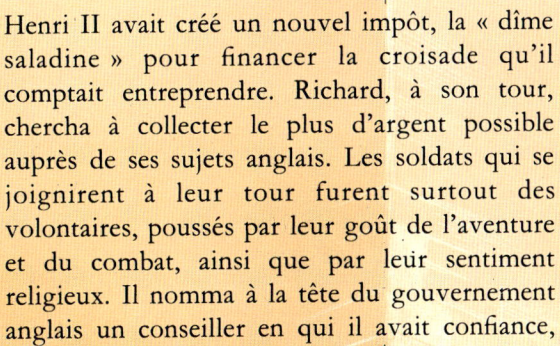

Henri II avait créé un nouvel impôt, la « dîme saladine » pour financer la croisade qu'il comptait entreprendre. Richard, à son tour, chercha à collecter le plus d'argent possible auprès de ses sujets anglais. Les soldats qui se joignirent à leur tour furent surtout des volontaires, poussés par leur goût de l'aventure et du combat, ainsi que par leur sentiment religieux. Il nomma à la tête du gouvernement anglais un conseiller en qui il avait confiance, Guillaume de Longchamp. Il se hâta de signer la paix avec Philippe Auguste, pour éviter que son rival confisque la Normandie et ses autres territoires français. Il donna à son frère Jean de vastes fiefs, pour qu'il ne prenne pas le pouvoir. Il nomma son demi-frère Geoffroy archevêque d'York, ce qui l'empêchait de prétendre à la Couronne. Il interdit à ces deux derniers de pénétrer en Angleterre pendant trois ans. Il était enfin prêt pour la croisade.

Richard, Philippe Auguste et l'empereur germanique Frédéric répondirent chacun à l'appel de la croisade. Ce dernier partit pour la Terre sainte à la tête d'une grande armée, près d'un an avant les Français et les Anglais.

Les croisés juraient solennellement de défendre « la cause de Dieu ». La croix cousue sur leurs vêtements était leur signe de ralliement, blanche pour les compagnons de Richard, rouge pour ceux de Philippe.

15

Chrétienté et islam en Terre sainte

Au Moyen Âge, la Terre sainte, dont une partie s'appelait la Palestine, comprenait des territoires situés actuellement en Israël, en Syrie, au Liban et en Jordanie. Pour les chrétiens, cette terre était « sainte », car le Christ y avait vécu et y était mort. La première croisade avait été entreprise pour la conquérir. Au XIIe siècle, les souverains croisés qui administraient les royaumes francs de Terre sainte s'étaient chargés de veiller sur les Lieux saints du christianisme. Ils avaient permis aux pèlerins de visiter librement le Saint-Sépulcre, un édifice élevé à l'emplacement du tombeau du Christ.

La Terre sainte était aussi une région sacrée pour les musulmans. Le prophète Mohammed, qui a fondé la religion islamique, était monté au ciel depuis la ville de Jérusalem. La cité, dernier endroit sur terre où il avait été vu, était sainte. Des musulmans avaient vécu dans cette région depuis des siècles. C'était leur patrie. Pourquoi seraient-ils soumis à des étrangers, qui ne partageaient pas leur foi ?

Le chef des musulmans était un homme remarquable, courageux et juste. Le sultan d'Égypte Al-Malik al-Nasir Salah ed-Din Yusuf, que les croisés appelaient Saladin, avait pris la tête d'une armée avec pour mission de libérer la Terre sainte et de défendre la foi islamique.

2. Portrait de Saladin (1138-1193).
3. Embarcation utilisée par les marchands arabo-berbères. La voile latine triangulaire permettait de serrer le vent et de manœuvrer aisément.
4. Expansion de l'islam au Xᵉ siècle (en rose).
5. Écriture arabe antique, dite « mashq » (700-750).
6. Écriture coufique.
7. L'écriture « nasqhi » supplanta l'écriture coufique au Xᵉ siècle.
8. Instruments pour écrire.
9. Les artistes arabes se sont inspirés de motifs classiques à volutes et à plantes grimpantes pour créer une extraordinaire variété de motifs décoratifs, aussi bien naturalistes qu'abstraits, tels l'arabesque.
10. Instruments de chirurgie (d'après une miniature).
11. Type de verrou encore employé dans le monde islamique.
12. Décoration de la Grande Mosquée de Damas.
13. Moules pour la préparation du pain non levé, typique du monde musulman.
14. Carafe de verre bleu azur (Perse, IXᵉ-Xᵉ siècle).
15. Coffret d'ivoire de style arabo-hispanique (960-970).
16. Plat d'argent, de forme octogonale, en argent (Perse occidentale).
17. Écuelle décorée (Perse, Xᵉ siècle).
18. Cruche (Perse, Xᵉ siècle).

1. Minaret de la Grande Mosquée de Kairouan, en Tunisie. La partie inférieure a été conservée et remonte à une mosquée plus antique, édifiée en 724. La partie supérieure date de 836, comme le reste de l'édifice.

Les débuts de l'expédition

Richard quitta l'Angleterre dès qu'il eut rassemblé assez d'argent pour entreprendre la croisade. Il s'embarqua avec son armée, en décembre 1189, à destination de la France. Il avait rendez-vous avec Philippe Auguste, qui, lui aussi, était accompagné de milliers de croisés. Les deux rois avaient choisi de traverser la France avec leurs troupes jusqu'à la Méditerranée. À Marseille, Richard comptait retrouver sa flotte, composée d'une centaine de navires qui s'étaient regroupés au port anglais de Darmouth. Elle conduirait son expédition en Terre sainte.

Pour la croisade, Richard a levé de lourds impôts sur ses sujets anglais. Il a aussi vendu des charges d'officiers de la Couronne et de courtisans, le droit de collecter les taxes de marché et de foire, le droit de rendre la justice dans certains cas. Richard aurait dit qu'il était prêt à vendre la ville de Londres, s'il trouvait un acheteur assez riche !

Philippe et Richard acceptèrent de se partager de manière égale ce qu'ils gagneraient à l'occasion des combats en Terre sainte. Mais les deux rois continuèrent à se méfier l'un de l'autre. Leur rivalité et leurs conflits s'aggravèrent au cours du voyage.

Les croisés, qui s'étaient retrouvés à Vézelay et dont le départ fut retardé plusieurs fois, se mirent enfin en marche en juillet 1190. Mais, à Lyon, des soldats se noyèrent lorsque le pont principal de la ville s'effondra sous le poids des charrettes, des chevaux et des hommes qui le franchissaient. Les deux armées se séparèrent et suivirent un itinéraire différent, car les régions qu'elles traversaient ensemble ne pouvaient les ravitailler suffisamment. L'armée de Richard arriva à Marseille. Mais ses navires n'y étaient malheureusement pas.

Richard loua alors des bateaux auprès d'armateurs de la ville. La flotte longea la côte d'Italie. Richard, lors d'une escale prolongée, prit quelques jours de vacances dans la campagne italienne. Il se rendit à Salerne consulter des médecins de l'université, l'une des plus célèbres d'Europe. Il appareilla ensuite pour Messine, en Sicile, où l'attendaient sa flotte ainsi que Philippe, mécontent d'avoir dû patienter. Le roi de France aurait voulu partir plus tôt pour la Terre sainte. Mais le mauvais temps interdit aux deux armées de prendre la mer. Les croisés étaient bloqués à des centaines de kilomètres de leur destination.

À son départ de Sicile pour la Terre sainte, Richard donna des ordres très stricts pour faire respecter la discipline à bord des navires. Ainsi, tout homme qui en tuait un autre devait être jeté à la mer, attaché au cadavre. Et celui qui insultait ses compagnons était condamné à payer une très forte amende.
Le combat n'était pas le seul danger qu'il fallait affronter en temps de guerre. Les camps étaient insalubres. Les maladies y étaient courantes. Les aliments étaient souvent avariés et l'eau polluée. Les longues marches et les chevauchées interminables exténuaient les hommes. Richard souffrit de fréquents accès de fièvre, qui le faisaient trembler durant des jours entiers.

Le séjour en Sicile

Richard aimait impressionner en montrant sa force, son faste et sa majesté. Il voulait qu'on le craigne et qu'on le respecte parce qu'il était plus riche et plus puissant que le roi de France. Richard, dont la stature était imposante, était souvent arrogant. Pour son arrivée dans le port de Messine, il organisa un spectacle magnifique. Son navire, orné de drapeaux et de boucliers dont les couleurs resplendissaient au soleil, entra dans le port envahi par une foule à la fois admirative et terrifiée. Le roi d'Angleterre, revêtu d'un costume splendide, se tenait debout sur une estrade dressée sur le pont du bateau, tandis que des tambours et des trompettes jouaient des marches militaires.

Richard décida de régler la question d'héritage qui l'opposait à Tancrède, le nouveau roi de Sicile. Jeanne, la sœur de Richard, s'était en effet mariée à Guillaume, le roi de Sicile, mort depuis peu de temps. Richard, en tant qu'héritier d'Henri II, réclamait donc la restitution de la dot de sa sœur — la somme que son père lui avait donnée lors de son mariage. Tancrède commença par refuser. Mais Richard avait les moyens de l'obliger à céder. Il était intelligent et disposait d'une armée redoutable. Ses troupes déclenchèrent une révolte, en prenant le prétexte du prix du pain, puis s'emparèrent de Messine. Tancrède, battu, versa à Richard 40 000 onces d'or, en octobre 1190.

Comme l'année était trop avancée pour s'aventurer en Méditerranée, Richard et Philippe prolongèrent leur séjour en Sicile.

La Sicile, une île très active, rassemblait des peuples de toute la Méditerranée. Les Français, les Italiens, les Espagnols, les Grecs, les Arabes s'y côtoyaient, sans conflits et en gardant leurs modes de vie respectifs.

C'était une île accueillante et ensoleillée. À Noël, les deux souverains donnèrent une fête somptueuse. Dès que la navigation fut possible, à la fin de mars 1191, Philippe quitta la Sicile pour la Terre sainte. Richard le suivit une dizaine de jours plus tard.

Richard rompit ses fiançailles avec Adélaïde, la sœur de Philippe. Il épousa Bérengère de Navarre, dont le père possédait des terres dans le sud de l'Aquitaine et dont il souhaitait se faire un allié.

En route pour la croisade, Richard s'arrêta devant Chypre. L'île, qui commandait les routes maritimes au large de la Terre sainte, était gouvernée par Isaac Comnène, un allié de Saladin. Richard voulait conquérir Chypre afin de permettre à ses bateaux de ravitaillement de passer en sécurité mais aussi pour en faire une base navale en vue d'expéditions futures. Richard organisa l'assaut de Chypre avec intelligence et audace. Il s'empara de l'île au bout de quelques semaines et captura Isaac Comnène.

L'arrivée en Terre sainte

Richard quitta Chypre le 5 juin 1191. Après une brève traversée, il atteignit le port de Tyr, à environ 150 kilomètres au nord de Jérusalem. Il s'embarqua ensuite pour Acre. C'était le port le plus grand de la Terre sainte et la ville la plus importante après Jérusalem.

À bord de son bateau qui longeait la côte, Richard examina avec son état-major la situation complexe qu'il allait devoir affronter à présent. Depuis la première croisade (1096-1099), qui avait été un succès, la Terre sainte avait été gouvernée par des rois francs. Mais les sarrasins l'avaient en grande partie reconquise et Richard avait l'intention de les expulser définitivement. Par ailleurs, le camp chrétien était divisé : Guy de Lusignan et Conrad de Montferrat revendiquaient chacun la couronne de Jérusalem.

Tyr était l'une des rares villes conquises par les croisés un siècle auparavant et que les sarrasins avaient négligé de reprendre. Elle était aux mains des alliés du roi de France, lesquels interdirent à Richard d'entrer dans la ville, protégée par les soldats. Richard en fut contrarié, mais il ne voulait pas attaquer une ville chrétienne ou combattre contre des troupes fidèles à un roi croisé, comme lui. Malgré leur rivalité, Richard et Philippe devaient rester des alliés.

Il est sûr que Richard et Philippe, au cas où ils parviendraient à reconquérir la Terre sainte pour les chrétiens, ne pouvaient permettre qu'à leur départ, les Francs se déchirent et s'engagent dans la guerre civile. Il leur fallait choisir parmi les deux prétendants.

Acre était occupée par les sarrasins depuis 1187. Guy de Lusignan et ses hommes assiégeaient cette garnison musulmane, tandis qu'une armée musulmane, commandée par Saladin, harcelait à l'arrière les assiégeants chrétiens. Philippe et ses troupes avaient rejoint Guy à la fin d'avril 1191. Mais les alliés n'avaient réussi ni à faire tomber la ville ni à repousser l'armée de Saladin. À son arrivée, Richard Cœur de Lion décida d'agir pour débloquer la situation. Il lui fallait reprendre Acre pour se consacrer ensuite à la reconquête de toute la Terre sainte. Mais le roi d'Angleterre se montrerait-il un combattant capable de rivaliser avec Saladin, cet adversaire prudent et adroit ?

Dans la lutte pour la succession au trône de Jérusalem, Richard appuyait Guy de Lusignan, tandis que Philippe, pour une question de parenté, soutenait Conrad de Montferrat.

Les deux armées

Pour la troisième croisade, Richard et Saladin commandaient des armées bien entraînées et bien équipées. Chacune d'elles comptait environ un millier de combattants. Il n'était pas possible de nourrir et de loger une armée plus importante. Les vivres étaient achetés — ou volés — dans les campagnes que traversaient les armées. Ils étaient transportés aussi par chariots depuis la ville ou le port les plus proches, situés en territoire allié. Il fallait parfois des heures de chevauchée pour transmettre un message d'un bout à l'autre d'une armée.

Les deux armées combattaient de manière très différente. L'armée des croisés était constituée de lanciers, d'archers à pied et d'une cavalerie lourde. Les fantassins protégeaient les chevaliers en repoussant les assauts de l'ennemi jusqu'à ce qu'on donne le signal de la charge. Les chevaliers chargeaient alors les ennemis au galop, en les piétinant sous les sabots de leurs chevaux, lourdement équipés, tout en les attaquant à l'épée et à la lance. Il fallait choisir judicieusement le moment où sonner la charge. Si les chevaliers se mettaient en mouvement trop vite, avant que les soldats ennemis ne commencent à faiblir, ceux-ci risquaient de reformer leurs rangs et de les attaquer individuellement, en les empêchant de se rassembler pour un nouvel assaut.
Un chevalier isolé avait du mal à se défendre contre un groupe de fantassins.
La cavalerie légère était la force essentielle des sarrasins. Les cavaliers frappaient le chevalier croisé et son cheval, dont les armures ralentissaient les mouvements, avant de s'enfuir pour attaquer de nouveau. Pendant leur fuite, les cavaliers sarrasins se retournaient sur la selle de leur cheval, lancé au grand galop, pour tirer des flèches contre leurs poursuivants. Dans les combats singuliers, ils employaient des masses et des cimeterres.

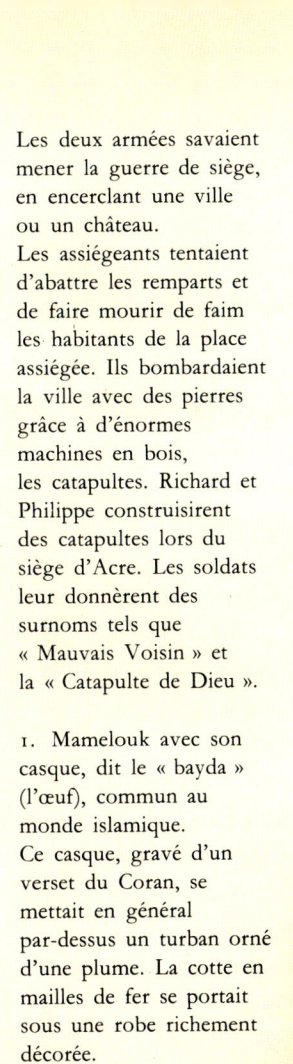

Les deux armées savaient mener la guerre de siège, en encerclant une ville ou un château.
Les assiégeants tentaient d'abattre les remparts et de faire mourir de faim les habitants de la place assiégée. Ils bombardaient la ville avec des pierres grâce à d'énormes machines en bois, les catapultes. Richard et Philippe construisirent des catapultes lors du siège d'Acre. Les soldats leur donnèrent des surnoms tels que « Mauvais Voisin » et la « Catapulte de Dieu ».

1. Mamelouk avec son casque, dit le « bayda » (l'œuf), commun au monde islamique. Ce casque, gravé d'un verset du Coran, se mettait en général par-dessus un turban orné d'une plume. La cotte en mailles de fer se portait sous une robe richement décorée.
2. Cavalier syrien. Il a revêtu son armure sous sa robe.
3. Hache musulmane de cérémonie.
4a. Krak des Chevaliers, en Syrie, édifié par les Hospitaliers à la fin du XIIe siècle et conquis par les sarrasins en 1271.
4b. Plan du château.
5. Épée d'un croisé (vers 1250).
6. Heaume à visière, pesant de 7 à 9 kg.
7. Hache de bataille (XIIIe siècle).
8. Chevalier. Statuette de bronze provenant de Basse-Saxe (1250-1300).
9. Éperons.
10. Lors des combats, les chevaliers tentaient de désarçonner leurs adversaires en leur assénant un coup de lance. L'épée ou la hache servaient dans les corps-à-corps.
11. Ce chevalier croisé a revêtu son équipement complet. L'armure est apparente. La tête est protégée par une capuche en mailles de fer qui recouvrait un bonnet plat.

Le siège d'Acre

Richard arriva devant Acre le 8 juin. Sa présence stimula les assiégeants, tandis qu'elle consternait les troupes de Saladin. Sa renommée était une arme suffisante. Richard participa sans tarder aux opérations du siège. Il fit édifier un château en bois devant la porte principale de la cité. C'était son quartier général. Il bâtit d'énormes catapultes juste à côté de celles de Philippe Auguste et de Guy de Lusignan. Elles bombardèrent à leur tour les murailles d'Acre, que deux ans de guerre avaient déjà sérieusement endommagées. Les chrétiens se mirent aussi à creuser des tunnels sous les remparts, pour saper les fortifications.

Ces opérations étaient menées sous une pluie de flèches et de pierres, lancées par les défenseurs, qui incendiaient les assaillants en utilisant le feu grégeois. La plupart des croisés — dont Philippe et Richard — tombèrent malades. Lors des expéditions précédentes, les diverses maladies avaient fait plus de victimes que les combats. Richard fut atteint d'une forte fièvre et perdit ses cheveux et ses ongles. Mais il voulut se faire transporter sur le front, pour commander les opérations du siège et pour repousser une attaque éventuelle des sarrasins.

La défense d'Acre s'affaiblissait. Les assiégés étaient épuisés. Ils savaient que les croisés n'allaient pas tarder à ouvrir une brèche dans les remparts. De plus, les armées franques avaient complètement encerclé la ville, dont le ravitaillement en vivres et en munitions était désormais coupé. Les défenseurs ne pouvaient plus communiquer avec Saladin et lui demander des conseils. Le 3 juillet, les musulmans tentèrent un dernier assaut pour déloger les assiégeants, mais sans succès. Le 12 juillet 1191, la garnison d'Acre accepta de capituler. Les chrétiens avaient reconquis une ville-clé de la Terre sainte. Saladin et son armée avaient enfin été battus. Richard s'était montré un héros, une fois de plus.

Les croisés admiraient le courage des défenseurs d'Acre. « On n'a jamais vu de soldats plus courageux qu'eux. S'ils avaient la foi véritable, ils seraient les soldats les plus vaillants de la terre. »

Après le siège d'Acre, Richard fit des milliers de prisonniers et demanda à Saladin une énorme rançon pour les libérer. Mais Saladin, qui avait des difficultés pour réunir l'argent, eut quelques jours de retard. Richard ordonna alors l'exécution de tous les captifs. 2 700 hommes furent décapités en une journée. Cette attitude cruelle était néanmoins fréquente pendant la guerre, en particulier lors des guerres saintes, qui opposaient des adversaires de religion différente.

Le feu grégeois était un mélange de produits inflammables à base de soufre et de naphte, qu'on versait dans des pots de terre et qu'on lançait grâce aux catapultes. Lorsque le récipient se brisait, les flammes enveloppaient ceux qui se trouvaient tout près. Le feu grégeois ne s'éteignait pas avec de l'eau mais avec du vinaigre, en grande quantité.

Vers Jérusalem

À Acre, Richard avait prouvé qu'il était capable de remporter des victoires aussi bien à l'étranger que sur ses terres de France. Qu'allait-il faire à présent pour maintenir la pression sur les sarrasins ? La ville de Jérusalem était l'objectif final de tous les croisés, mais elle était trop loin d'Acre pour qu'ils l'atteignent sans faire de détour. La route directe passait par des massifs montagneux, difficiles à traverser. Il était impossible de protéger les convois de ravitaillement provenant des ports du littoral.

Le roi Philippe était retourné en France après sa victoire à Acre. Richard était désormais seul à commander. Il décida de marcher sur Jaffa, à 80 kilomètres au sud d'Acre, avant de se diriger vers Jérusalem, à l'intérieur du pays.
Le voyage fut long et périlleux. L'armée de Richard, qui regroupait maintenant les soldats chrétiens de toute l'Europe et de la Terre sainte, chemina le long de la côte, que suivait parallèlement la flotte de ravitaillement. Les soldats de Saladin ne cessaient de la harceler. Des cavaliers sarrasins surgissaient à toute allure, décochaient des flèches et disparaissaient avant que les croisés n'aient pu réagir. De nombreux chrétiens furent tués. D'autres périrent de soif ou d'insolation. Il faisait une chaleur torride. La route était couverte de poussière. Saladin, pratiquant la tactique de la « terre brûlée », avait détruit les récoltes et les réserves de vivres qui se trouvaient dans la région que les croisés traversaient.
Pressée par Richard, l'armée continua à avancer vers le sud. Pour arrêter les chrétiens, Saladin choisit, comme ultime chance, de provoquer une bataille rangée. Les deux armées se rencontrèrent à Arsuf, le 7 octobre 1191. Richard donna le signal de la charge au bon moment, sut l'interrompre, puis rassembla les chevaliers avant de les lancer dans une nouvelle charge. Ses soldats furent courageux et disciplinés. Saladin fut battu pour la seconde fois. Richard Cœur de Lion, ce roi « redoutable et extraordinaire », avait de nouveau démontré son talent.

Au début de la bataille, Richard rangea ses troupes en formation serrée. Les chevaliers étaient entourés de fantassins, qui les protégeaient. L'armée de Saladin ne réussit pas à forcer la défense croisée. Un croisé, qui accompagnait Richard, l'a décrit à Arsuf : « Le roi taillait en pièces les sarrasins dans toutes les directions, et nul n'échappait à la force de son bras ; chaque fois qu'il se retournait, en brandissant son épée, il s'ouvrait un large chemin parmi les ennemis. »

Richard à Jaffa

Les sarrasins admiraient Richard, bien qu'il fût leur ennemi. C'était un homme d'un « courage exceptionnel. Il a fait de grandes batailles et il avait la passion de la guerre », a écrit un auteur musulman de l'époque. Mais ils ne lui faisaient pas confiance. « Pour obtenir ce qu'il veut, il utilise parfois des paroles conciliantes, mais agit aussi avec violence. Dieu seul nous a sauvé de sa perfidie. »

Trois jours après la bataille d'Arsuf, Richard et ses soldats atteignirent Jaffa, qui avait été abandonnée par les forces de Saladin. Les croisés installèrent leur camp en dehors de la ville, tandis que Richard organisait son plan de campagne. Il rencontra plusieurs fois les conseillers de Saladin, et le frère de celui-ci, Malik al-Adil, un négociateur avisé. Richard n'espérait pas que ces entretiens lui permettraient d'entrer dans Jérusalem. Mais il voulait mieux comprendre son adversaire, découvrir son mode de pensée, afin de le battre.

En même temps, Richard envoya des espions pour reconnaître le territoire entre Jaffa et Jérusalem. Il commença à édifier des châteaux en bois pour mettre en place un dispositif militaire le long de la route qu'il comptait suivre. Saladin se hâta de se rendre à Jérusalem pour renforcer les défenses de la ville. Les deux meilleurs chefs militaires de leur époque étaient sur le point de se livrer une nouvelle bataille.

Saladin reconnaissait la valeur et le talent militaire de Richard, mais jugeait qu'il prenait trop de risques. Il aurait dit que le roi Richard était « un homme d'honneur et un combattant courageux, mais trop téméraire lorsqu'il se jette au milieu du danger, sans se soucier de sa sécurité ».

La témérité de Richard lui coûta la vie en France, lors d'une bataille peu importante.

Les paroles conciliantes de Richard devaient inciter ses ennemis à se décontracter et à révéler leurs plans. Il plaisanta avec Malik al-Adil, suggérant que celui-ci épouse sa sœur Jeanne. Richard proposait de donner à Jeanne, en dot, toutes ses possessions en Terre sainte. Al-Adil accepta de discuter de cette offre avec son frère. Pour mettre fin à l'affaire, qui devenait sérieuse, Richard prétendit que sa sœur Jeanne, furieuse à l'annonce de ce projet, avait refusé net.

La paix avec Saladin

En décembre 1191, Richard quitta Jaffa, en direction de Jérusalem. Son armée arriva à Beit Nuba, un village situé à 19 kilomètres de la Ville sainte, où elle campa. Richard ne savait que faire. Les croisés étaient tout près de la ville qu'ils avaient rêvé de reconquérir, mais ils avaient peu de chances de réussir, même s'ils l'assiégeaient. Jérusalem était protégée par de puissantes fortifications. L'armée croisée n'était pas capable de l'attaquer tout en défendant les routes qu'empruntaient les convois de ravitaillement, provenant de la côte et que Saladin, qui disposerait de renforts, risquait de couper. Les croisés mourraient alors de faim devant Jérusalem. Par ailleurs, au cas où ils parviendraient à conquérir la Ville sainte, comment pourraient-ils la garder ? Enfin, la plupart des croisés avaient la nostalgie de l'Europe. Ils voulaient rentrer chez eux, cesser de combattre et quitter ce pays peu accueillant. Richard et ses soldats renoncèrent à entreprendre l'assaut de Jérusalem. Tristes et déçus, ils firent demi-tour et se replièrent sur le littoral.

Au cours des mois suivants, Richard attaqua plusieurs forteresses sarrasines et engagea des négociations avec Saladin. Mais, depuis quelque temps, il recevait de mauvaises nouvelles de ses territoires d'Europe. Son frère Jean cherchait à provoquer une révolte en Angleterre, tandis que le roi Philippe avait envahi ses possessions françaises.

Richard, torturé entre son désir de conquérir Jérusalem et la nécessité de rentrer en Europe, tomba malade. Il décida de marcher une dernière fois sur Jérusalem. Son armée, de nouveau, se mit en route le 11 juin, mais elle s'arrêta à Beit Nuba. Richard comprit qu'il serait impossible de prendre Jérusalem. Il refusa de conduire ses hommes au massacre.

Les croisés regagnèrent la côte et naviguèrent jusqu'à Jaffa, qui venait d'être reprise par les sarrasins. En approchant du rivage, Richard sauta dans l'eau, en brandissant son épée, à la tête de ses hommes qui chargèrent avec furie. Les musulmans, surpris et terrorisés, s'enfuirent, abandonnant Jaffa aux croisés. Malgré cette dernière victoire, la troisième croisade avait échoué. Richard signa une trêve de trois ans avec Saladin, puis repartit pour l'Europe le 9 octobre 1192.

Une anecdote (peut-être fausse) de l'époque de Richard permet de comprendre les sentiments du roi lorsqu'il réalisa qu'il devait renoncer à prendre Jérusalem. Richard, tandis que son armée campait à Beit Nuba, se promena à cheval. Il monta en haut d'une colline, d'où surgit soudain, au loin, Jérusalem, avec ses murailles et ses tours, qui brillait sous les rayons du soleil. Le roi fit immédiatement demi-tour, en se couvrant le visage de son bouclier. Il ne supportait pas de voir la ville qu'il n'avait pas réussi à conquérir.

Richard mit d'accord les deux prétendants au royaume de Jérusalem. Conrad de Montferrat fut couronné roi de Jérusalem en 1192. Il fut assassiné peu de temps après. Le comte Henri de Champagne, neveu de Richard, lui succéda. Guy de Lusignan devint roi de Chypre.

Les derniers combats de Richard

Richard voulait retourner en Angleterre le plus vite possible. Quel itinéraire devait-il choisir ? S'il traversait la France, il risquait d'être capturé par le roi Philippe, qui s'était allié à son frère Jean. S'il passait par l'Autriche et l'Allemagne, il risquait de tomber aux mains du duc Léopold d'Autriche et de l'empereur germanique Henri VI. Ces deux derniers étaient devenus ses rivaux au cours de la croisade. Il avait humilié Léopold et s'opposait à Henri VI en Méditerranée. Il choisit de passer par la Méditerranée, en empruntant le trajet le plus court, qui évitait la plus grande partie des possessions de Léopold. Mais, à la suite d'un naufrage près de la Dalmatie, il s'aventura en Autriche, déguisé en simple pèlerin. À soixante-dix kilomètres de la frontière, il fut reconnu et capturé par les soldats de Léopold. Le duc le livra à Henri VI. Richard se retrouva prisonnier dans une forteresse, en Allemagne.

Philippe et Jean se réjouirent de la capture de Richard. Mais celui-ci avait des amis parmi les princes allemands. Ils négocièrent sa libération, avec l'aide d'Aliénor d'Aquitaine, contre une énorme rançon, qui fut payée par ses sujets anglais. Libéré en février 1194, Richard regagna immédiatement l'Angleterre. Il se fit couronner une seconde fois et démit de leurs fonctions les partisans de Jean. Puis il quitta son royaume pour se rendre en Normandie.

Richard passa les cinq années suivantes à se battre contre Philippe Auguste. En appliquant son expérience de la guerre du siège, il édifia une forteresse imprenable, Château-Gaillard, sur la rive droite de la Seine. Plusieurs fois vainqueur de Philippe, il réussit à récupérer peu à peu tous ses territoires. En mars 1199, alors qu'il assiégeait le château d'un de ses vassaux, à Châlus, près de Limoges, il fut blessé d'un coup de flèche. Il mourut onze jours plus tard, le 6 avril 1199. Comme il l'avait demandé, il fut enterré en Anjou, à l'abbaye de Fontevrault.

Pendant longtemps, personne ne sut où Richard était gardé prisonnier. Certains croyaient qu'il s'était noyé pendant son retour de la croisade. Une légende raconte qu'un fidèle ami de Richard, le troubadour Blondel, le rechercha de château en château, en chantant le premier couplet d'une chanson que Richard et lui avaient composée autrefois. Au château de Trifels, au bord du Rhin, la voix de Richard lui répondit enfin. Blondel avait retrouvé le roi.

En prison, Richard resta courageux et aimable. Il tenta de réconcilier les princes allemands qui se battaient. Il négocia sa libération. Un chant qu'il a composé dit à quel point il souffrit d'être enfermé.

35

Imprimerie Aurora - Florence
Dépôt légal : mars 1990 - N° de série éditeur 15562
Imprimé en Italie - 601356 - mars 1990

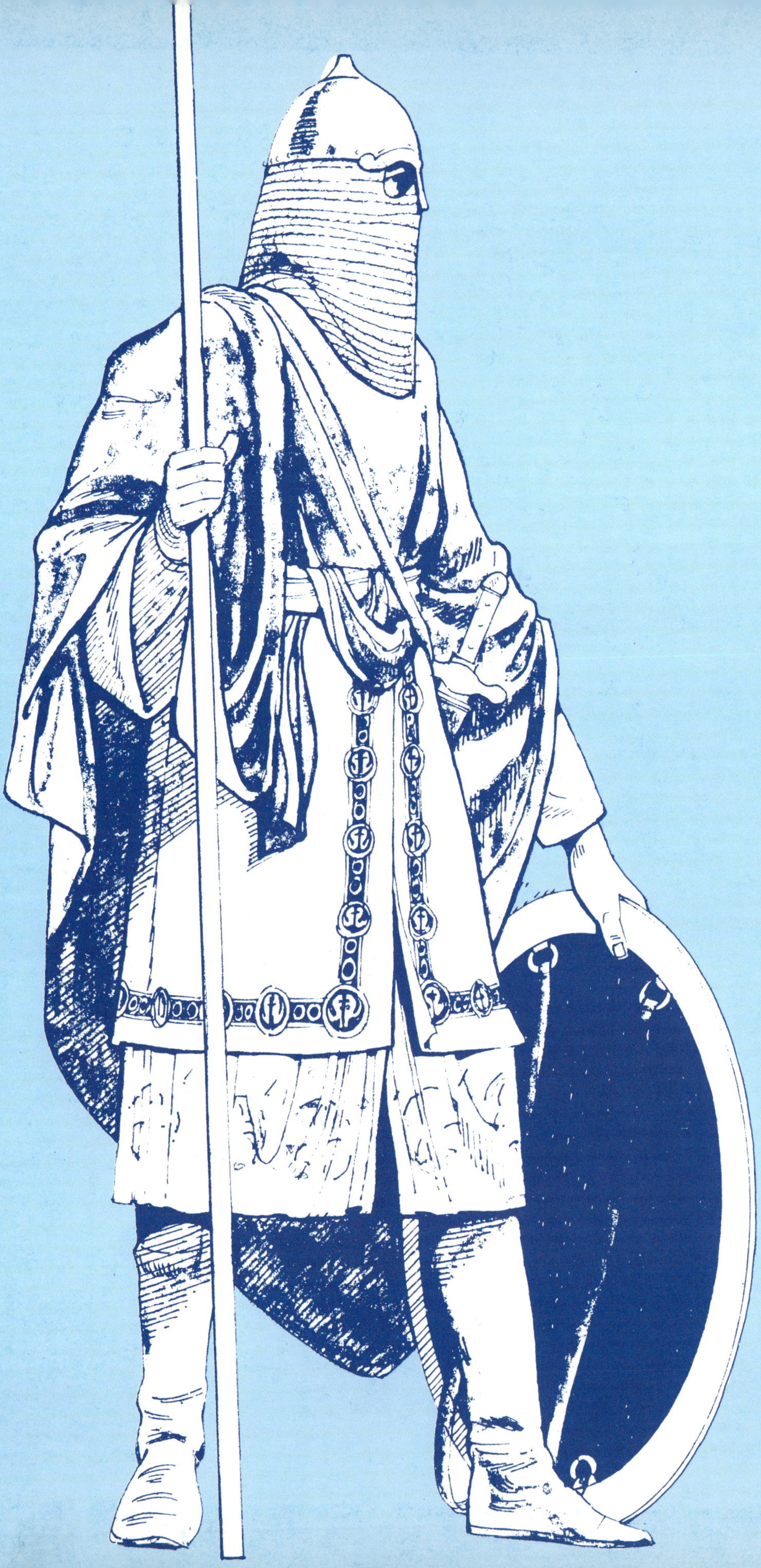